Élisabeth Brami • Estelle Billon-Spagnol

LA DECLARACIÓN
DE LOS DERECHOS
DE LOS PAPÁS

Traducción de Irene Vílchez Sánchez

 PETALETRAS

El derecho a hacer lo mismo que las mamás (menos tener un bebé en la barriga, dar a luz o amamantar): levantarse por la noche para resolver incidencias (el pis y las pesadillas), cambiar pañales y darles achuchones a los peques...

~ARTÍCULO 3~

**El derecho a estar quejicas o de mal humor,
a ser severos, pero no injustos,
y a enfadarse y alzar la voz, pero
sin levantar la mano ni dar miedo.**

Papá, cómete un par, que tienen vitaminas no sé qué y minerales no sé cuántos.
Pues sí, ¡con mamá es mejor!
Vale, vale, me voy.
Espera, que papá no se ha tomado todavía el café...
¡ESTO NO ES NADA JUSTO!
Papá, el yoga sienta superbién, ¿sabes?
ÑI, ÑI, ÑI

∾ ARTÍCULO 4 ∾

El derecho a llorar cuando se emocionan con una película o cuando se sienten muy tristes, y el derecho a que los cubran de besos y achuchones.

∾ ARTÍCULO 5 ∾

El derecho a ser más tímidos,
más jóvenes y más canijos que las mamás,
y el derecho a preocuparse por sus retoños
sin que los tachen de sobreprotectores.

∽ ARTÍCULO 6 ∽

El derecho a estar agotados al llegar
a casa y no tener ganas de jugar
ni de hablar ni de leer un cuento,
y menos aún de hacer de polis.

∽ ARTÍCULO 7 ∽

El derecho a cogerse un permiso de paternidad para criar al bebé o a quedarse en casa para cuidar de sus hijos.

¡Pero si ya caminaaas!

PAPÁ,
¡la lámpara
ha dejado
de funcionar!

Mmm...
¿y?

¡Tendrías
que
haberte
ido en
moto
con
mamá!

¡Más rápido,
papá!
¡ARREEEEE!

¡Yo también
quiero ir
a caballito

∞ ARTÍCULO 8 ∞

El derecho a no ser deportistas ni manitas ni musculitos ni machotes; a no tener coche, ni siquiera el carné de moto. Ni a ser superhéroes.

∽ARTÍCULO 9∽

El derecho a tener problemas de trabajo, de dinero e incluso de salud.

∾ ARTÍCULO 10 ∾

**El derecho a jugar a las muñecas
y a las comiditas con sus hijos,
y a los coches y a los trenes con sus hijas.
¡O al revés!**

~ **ARTÍCULO 11** ~

**El derecho a ser considerados papás aunque
se hayan separado de las mamás de sus hijos
o estén poco presentes o fuera por trabajo;
y, por supuesto, aunque estén muertos
o en paradero desconocido.**

∞ ARTÍCULO 12 ∞

**El derecho a que les guste
ir al cine o a comer por ahí,
y que alguien se quede
al cuidado de sus hijos.
Y a salir con sus colegas.**

Papá, para la tarta de zanahoria, ¿puedes cambiar las zanahorias por chocolate?

Todos los que tengáis ropa para lavar ¡venid a verme!

El Señor Peludo quiere darse un baño...

∞ ARTÍCULO 13 ∞

**El derecho a coser un botón, a planchar,
a preparar la cena, a tirar la basura,
a poner la lavadora, a vaciar el lavavajillas
y a cuidar de su hijo enfermo.**

∾ARTÍCULO 14∾

El derecho a cuidarse, a comprarse ropa nueva y elegante, a ir de rebajas y, también, a que les encante su chándal desteñido y sus deportivas roñosas.

∞ ARTÍCULO 15 ∞

El derecho a vivir sus historias de amor como quieran y con quien quieran; y a tener hijos cuando y con quien quieran.

Para Yacine, el superpapá de Tali,
y para Chen, el superpapá de Alona.
É. Brami

Para Serge, Willy, Pierre,
Yohan, Jerôme y Marco.
E. Billon-Spagnol

La Déclaration des droits des papas, written by Élisabeth Brami,
illustrated by Estelle Billon-Spagnol © Talents Hauts (France), 2016.
Spanish / Catalan translation rights arranged through Ttipi agency, France

Edición española
© Grupo Anaya, S. A., 2024
Valentín Beato, 21. 28037 Madrid

Dirección del proyecto editorial: Emmanuel Christien
Edición: Carmina Pérez Canet
Asistente editorial: Sonia Fonseca Bautista
Maquetación: Pablo Pozuelo
Producción: Juan Antonio Barras y Natalia Yáguez

© Traducción: Irene Vílchez Sánchez
Corrección: Andrés Munar

ISBN: 978-84-19893-21-5
Depósito legal: M-34696-2023
Impreso en España

PAPEL DE FIBRA
CERTIFICADA